AF468751

U ION RÉPUBLICAINE
ROCHEFORTAISE

Alliance de tous les Républicains progressistes

DE

L'Arrondissement de Rochefort

Tout au grand jour et
tout par l'honnêteté.

HISTOIRE, STATUTS ET PROGRAMME
De l'Alliance

LE SUCCESSEUR DE M. BETHMONT

Extrait des Mémoires du Citoyen Budaille

Prix : 25 centimes

EN VENTE A ROCHEFORT

Chez M Théophore Budaille, président du Comité central
52, rue Saint-Jacques.

1882

UNION RÉPUBLICAINE ROCHEFORTAISE

Rochefort. — Imprimerie A. TRIAUD, rue des Fonderies, 72.

HISTOIRE DE LA FONDATION

DU GROUPE

L'UNION RÉPUBLICAINE

Le 23 décembre 1881, à Rochefort, à huit heures du soir, un grand nombre de citoyens se sont réunis, rue Saint-Jacques, 52, à l'institution Budaille, dans la salle des conférences. Le but de cette réunion était de discuter des statuts destinés à grouper les électeurs de l'arrondissement. On devait aussi y discuter sur la crise municipale de Rochefort. M. Tessier, imprimeur et directeur du journal *Le Rochefortais*, avait invité, par lettres, les citoyens à cette assemblée, qu'il présidait, comme il avait présidé quelques jours plutôt, dans le même local, une autre assemblée des mêmes citoyens.

Lors de la première réunion, M Tessier fit distribuer des statuts imprimés chez lui, en demandant l'avis de ses auditeurs sur ces statuts

Le citoyen Théophore Budaille proposa de nommer une commission de rédaction pour faire des statuts plus complets que ceux présentés par M Tessier. Cette commission fut nommée, MM. Tessier et Budaille en firent partie, et le jour de la réunion fut fixée.

A la réunion du 23 décembre, sous la présidence de M. Tessier, les statuts élaborés par la commission de rédaction furent lus à l'assemblée par le rapporteur, M. Théophore Budaille. Ensuite, M. Tessier soumit chaque article de ce règlement au vote, et, selon toutes les règles suivies par les assemblées parlementaires, l'Union Républicaine se trouva constituée et ses statuts adoptés.

M. Tessier donne alors la parole à M. Budaille qui ne la demandait pas.

De diverses parties de l'assemblée, M. Tessier était invité à définir ce qu'il entendait par un Meeting. — Le président Tessier avait, en effet, plusieurs fois prononcé ce mot au sujet de la crise municipale. Il fallait, disait-il, réunir les électeurs en un grand Meeting irrésistible, pour amener la municipalité à démissionner en masse.

Après les explications données par M. Budaille, au sujet du Meeting, l'assemblée vota, sans aucune opposition et sur la proposition de M. Tessier, que le 27 décembre, les électeurs de Rochefort seraient convoqués en un grand Meeting *libre* à la salle de la Bourse.

Cette assemblée devait être souveraine, c'est-à-dire choisir elle-même son bureau, écouter toutes les opinions, sans pression aucune et avec toute la loyauté démocatique.

⁂

Le 26 décembre, M. Tessier fit annoncer le Meeting dans son journal et par des affiches Le mot Meeting était supprimé dans ces annonces. Ce fut le premier pas de recul. Dans la journée du 26, M. Guillot, rédacteur au *Rochefortais*, visita M. Budaille, avec la mission évidente de faire varier son opinion sur le Meeting et l'amener à consentir que le bureau de cette assemblée fût imposé et que ce bureau fût celui de l'ancien comité Capoulun, sous la présidence de M. Tessier.

Ce rédacteur, n'ayant pas réussi dans sa mission, fut promptement remplacé par son patron, M. Tessier, qui, à son tour, *sollicita* la connivence de celui dont il devait bientôt couvrir le nom de grossiers outrages.

M. Tessier eut une vive discussion avec M. Budaille.

Celui-ci tint bon et assura qu'il voulait respecter religieusement la décision de l'Union Républicaine.

Ces deux hommes se séparèrent mécontents l'un de l'autre. C'est à l'opinion publique de prononcer entre M. Budaille, obéissant aux suffrages du comité, et M. Tessier, désirant, jusqu'à la menace, la complicité d'un homme écouté, pour diriger lui-même une assemblée d'où il avait été convenu que la passion et la prévention seraient écartées.

Le 27 décembre, les électeurs se réunissent dans la salle de la Bourse, à huit heures du soir. Les sociétaires de l'Union Républicaine s'abstiennent en masse de se présenter au bureau ; ils sont dans la foule prêts à concourir à la formation du bureau.

M. Tessier s'entêtant dans sa décision personnelle, prend place au bureau. Il s'excuse d'être seul et prie ses assesseurs de bien vouloir se montrer et de venir l'assister.

Vains appels, personne ne se montre. M. Tessier commence à discourir sans demander l'avis de personne, sans inviter les orateurs à se faire inscrire pour ou contre l'ordre du jour. Il se mettait à son aise devant le bon public. On aurait cru qu'il était dans sa maison et non devant des électeurs souverains.

MM. Augier, Turfin et Husseau l'interpellent tour à tour : il sourit et ne tient aucun compte des vœux des citoyens qu'il représente indûment.

M. Turfin monte à la tribune, il n'obtient rien du président qui continue son rôle d'orateur et de président avec le plus grand calme ; l'assemblée semble stupéfaite, mais l'orateur ne s'en aperçoit pas. Il s'étend complaisamment sur le sujet qu'il a déjà traité deux fois rue Saint-Jacques, à savoir que tout est mal à Rochefort, mais qu'il n'y a rien de perdu ; il a vu M. Gambetta et ses secrétaires, on lui a promis tout ce qu'il a demandé, surtout la démolition des remparts aux frais de l'Etat. Il conclut, sans débats, sans discussion, devant une assemblée froide comme la statue de l'indignation, à *l'opportunité* de voter séance tenante pour ou contre la municipalité, par les mots défiance ou confiance.

M. Tessier, croyant à un grand succès oratoire peut-être, allait s'asseoir, quand M. Budaille, en vertu de son droit d'assistant et de membre de l'Union républicaine, en vertu surtout du devoir qui lui était tracé par les sollicitations dont il avait été l'objet la veille, prend la parole et rappelle à M. Tessier qu'il manque à la parole donnée et qu'il sort absolument des usages parlementaires de la démocratie.

M Tessier s'emporte et, comme si l'homme qu'il sollicitait la veille avec tant d'opiniâtreté s'était transformé en une seule nuit, il le présente au public comme le dernier des *farceurs*. M. Budaille se défend, entraîne l'assemblée qui le suit et abandonne M. Tessier, seul, derrière une immense table.

*
* *

L'Union républicaine se réunit de nouveau le 30 décembre, au siège social, 52, rue Saint-Jacques. La séance fut ouverte par le citoyen Nadeau, comme doyen d'âge.

Dans cette séance, l'assemblée nomma son bureau par bulletins secrets.

Le citoyen Budaille fut élu président ;

Le citoyen Turfin fut élu vice-président ;

Les citoyens Augier et Hermenier furent élus assesseurs, et le citoyen Bouteiller, secrétaire.

M Budaille, à partir de ce jour, a dirigé et présidé le groupe, qui fixa pour le lendemain une grande assemblée à la salle de la Bourse.

Dans cette nouvelle réunion à la Bourse, tout se passa dans le plus grand ordre.

A la presque unanimité des assistants, le citoyen Budaille fut élu président. Au cours de la séance, les citoyens Braud, Budaille, Sandeau, Cordier et Fréchet furent choisis, au scrutin secret, comme candidats au Conseil municipal.

Pendant tout le cours de la période électorale municipale, l'Union Républicaine s'est prodiguée dans le sens le plus large de la Liberté et de la démocratie.

Fidèle à son programme et à ses statuts, elle a toujours été virtuellement l'alliée de tous les républicains libéraux progressistes qui veulent de la politique pratique et non du sentiment.

Elle a été fidèle aux alliances qu'elle avait contractées, mais n'a pas trouvé tout à fait la réciprocité à laquelle elle avait droit. Elle a dû constater, par une enquête consignée dans ses procès-verbaux, la défection d'un citoyen à qui elle prodiguait son dévouement en même temps que lui-même faisait sournoisement échec à ses protecteurs

La conduite de ce personnage a été flétrie comme elle le mérite.

*
* *

Dans l'assemblée de février, l'Union a nommé les délégués de la ville de Rochefort au comité central.

Ont été élus au scrutin secret : les citoyens Budaille, Turfin, Usseau, Guibout, Angée, Coindreau, Fresneau, Duprat, Migaud, Volo, Chapeau, Laidet, Geay, Bertrand, Alleau, Avril, Bobin, Belfait, Boiseau, Blondeau, Poupart, Cornière, Désiré, Nadaud, Fréchet, Guibaud, Ploquin, Plaud, Courais.

Sur l'initiative du comité central, l'Union Républicaine a donné, le 24 février, à la salle de la Bourse, une conférence en souvenir de la proclamation de la seconde république et du suffrage universel.

Le citoyen Budaille a fait la conférence sur le suffrage

universel. Il a été fort applaudi plusieurs fois, mais surtout lorsqu'il s'est écrié : « Le scrutin de liste, c'est l'ennemi !... »

Une quête faite à cette occasion a rapporté 20 francs 50 centimes. Une autre quête faite après la conférence dans un punch offert dans la salle d'armes de l'institution Budaille, par l'Union Républicaine, au comité des ouvriers de la marine et à La Libre-Pensée de Rochefort, a produit 10 francs. Cette collecte a été remise au citoyen Budaille qui y a ajouté 1 franc et a envoyé 31 francs 50 centimes aux ouvriers de Roanne, qui sont en grand nombre sans travail, parce que les manufacturiers de cette ville ont fermé leurs usines, au risque de faire mourir de faim la population d'une de nos villes les plus industrieuses.

L'Union se propose de continuer sa propagande pour les élections législatives prochaines et, à ce titre, elle invite tous les républicains désintéressés et patriotes à se joindre à elle pour choisir un candidat, après discussion et en pleine lumière.

Lorsque ce candidat aura été choisi, les alliés le soutiendront de toutes leurs forces.

Le bureau du comité central est ainsi formé :

MM. Budaille, président ;
Turfin, vice-président ;
Chapeau, secrétaire général ;
Usseau, archiviste ;
Duprat, trésorier ;
Boisseau, secrétaire-adjoint ;
Désiré et Coindreau, assesseurs ;
Laidet, Plaud, Gibaud et Bonnin, commissaires
Lévèque, Migaud, Belfait et Mézières, collecteurs.

UNION RÉPUBLICAINE

EXPOSÉ DES MOTIFS

Attendu que dans une démocratie, le droit constant des électeurs est de contrôler rigoureusement les actes de leurs mandataires ; que l'exercice de ce droit est un devoir qui ne peut être négligé sans mettre en péril les institutions publiques ; mais que ce devoir ne peut être exercé individuellement par chaque électeur d'une manière efficace, une Société électorale est constituée sous le titre d'UNION RÉPUBLICAINE, dans l'arrondissement de Rochefort, dans le but de faciliter à chaque citoyen, en particulier, et à tous les électeurs, en général, l'exercice du droit de contrôle.

*
* *

Considérant en outre que les ennemis de la République ne reculent devant aucune manœuvre pour déprécier cette forme de gouvernement, créer des embarras à ses représentants, ôter toute juste influence à ses partisans ; qu'ils s'efforcent par tous les moyens en leur pouvoir, de regagner le terrain perdu en poussant dans les places, en faisant avancer dans les fonctions publiques, leurs amis et généralement tous les individus qui détestent la République et les républicains ; qu'un pareil travail d'absorption lente et progressive peut à la longue faire courir les plus grands dangers à la démocratie, en même temps que chaque jour un malaise plus grand dans l'état social du pays en est la conséquence : l'Union Républicaine adopte comme second but celui d'une propagande active en faveur de la République et des républicains.

Dans ce double but, la Société adopte les statuts suivants qui seront soumis à la sanction préfectorale, conformément à la loi.

STATUTS

Article I. — La Société de l'**Union Républicaine** est formée de tous les citoyens électeurs de l'arrondissement de Rochefort qui adhèreront aux présents statuts.

Tout citoyen électeur de droit qui adhèrera aux présents statuts, après avoir été présenté par deux sociétaires au moins, en assemblée générale, fera partie de la Société, si la majorité absolue de l'assemblée l'admet par le vote.

Article II. — Tout sociétaire admis doit verser par mois et d'avance, une cotisation personnelle de cinquante centimes entre les mains du trésorier de sa commune.

Article III. — La Société de l'Union Républicaine a son centre à Rochefort, où elle fait élection de domicile, rue Saint-Jacques, n° 52. Elle y est administrée par un comité central forme des délégués de tout l'arrondissement.

Article IV. — Le comité central n'aura à connaître que des questions intéressant tout l'arrondissement ; dans toutes les autres questions, il ne devra son concours que s'il en est requis par un comité local.

Article V. — Dans tous les chefs-lieux des communes, y compris Rochefort et les trois chefs-lieux de cantons, des comités locaux seront constitués, ayant à leur tête : un président, un vice-président, deux assesseurs, un trésorier et un secrétaire. Chaque comité prendra le titre de « Comité de l'Union Républicaine de. . . . . . . »

Article VI. — Les comités locaux pourront correspondre chaque jour avec le comité central à Rochefort, qui sera en permanence comme les comités locaux. Toutes les communications intéressant les républicains pourront ainsi s'échanger sans interruption.

Article VII. — Les frais généraux de la Société, comme ceux qui seraient faits pour soutenir une ou plusieurs candidatures après que cette dépense aurait été adoptée en assemblée générale, seront payés par le trésorier général de la Société, sur le vu d'un mandat ordonnancé par le président du comité local de Rochefort.

Article VIII. — Le trésor de la Société sera contralisé à chaque trimestre, dans la caisse du trésorier-général de la Société qui ne pourra se dessaisir d'aucune somme sans un mandat régulier établi comme il est dit à l'article VII.

Ce trésor se composera de toutes les cotisations volontaires qui seraient offertes à la Société et de la bonification des cotisations individuelles versées à la caisse centrale à la fin de chaque trimestre, par les trésoriers locaux, avec pièces justificatives, des dépenses ordonnancées dans le courant du trimestre par le président du comité local.

Article IX. — Toutes les dépenses courantes des comités locaux se solderont sur les cotisations des sociétaires de la localité, encaissées par le trésorier local qui, à l'expiration de chaque trimestre, établira son bordereau de dépenses et de recettes dûment certifié par le président et remettra son encaisse, accompagné d'une copie de sa comptabilité, au trésorier général contre récépissé selon ce qu'il est dit à l'article VIII.

Article X. — L'initiative des assemblées générales appartient à chaque comité, mais tout particulièrement le Comité central, tant à cause de ses fonctions administratives que par sa situation à Rochefort, doit faire les convocations ordinaires ou extraordinaires qui deviendraient urgentes.

Ces assemblées auront lieu à Rochefort.

Elles se composeront du bureau du Comité central et des délégués de tous les comités de l'arrondissement, choisis à raison d'un délégué par commune. Les communes ayant plus de cinq cents habitants, auront le droit d'envoyer un délégué supplémentaire au Comité central. En outre, les communes dépassant mille habitants fourniront autant de délégués supplémentaires qu'elles ont de fois mille habitants. Au dessus de deux mille habitants, toute fraction de mille supérieure à deux cents, donne droit à un délégué complémentaire.

Le comité central ainsi formé établira son bureau définitif.

Article XI. — Le comité local de Rochefort organisera le bureau provisoire du Comité central, en lui adjoignant ses délégués, comme il est dit à l'article X.

Le bureau du Comité central se compose d'un président, d'un vice-président, de deux assesseurs, d'un secrétaire général, d'un secrétaire archiviste et d'un trésorierqui sera le trésorier général de la Société.

Article XII. — Chaque année, le Secrétaire général de la Société résumera les travaux de tous les comités; en rédigera un compte-rendu qui sera imprimé en brochure et mis à la disposition de chaque comité. Ce travail portera un tableau mentionnant les noms des citoyens ayant prêté leur concours à l'Union Républicaine, comme membres des différents bureaux durant l'année et sera conservé aux archives de chaque comité.

Article XIII. — Tous les comités ont le droit de soumettre des ordres du jour aux assemblées générales Les questions de candidatures intéressant l'arrondissement, sont étudiées et résolues en assemblées générales, selon les usages parlementaires.

Article XIV. — Les comités locaux sont chargés de tous les intérêts de la Société dans la commune qu'ils représentent respectivement. Les élections municipales sont de leur ressort comme le contrôle des édiles ; mais ils peuvent toujours consulter le Comité central et s'autoriser de ses décicions.

Tous les comités locaux assemblés sont de droit assemblées générales pour procéder au choix des délégués et à l'adoption des adhérents, à la seule charge d'en faire mention nominative au procès-verbal de chaque séance.

Article XV. — Dans les vingt-quatre heures qui suivront le jour de l'ouverture de la période électorale, le secrétaire général invitera tous les comités à se réunir à bref délai, afin de prendre les dispositions en vue de l'élection dans cette réunion. On nommera les délégués qu'il y aurait lieu de changer au sein du comité central. Les vides qui se seraient produits seront comblés.

Article XVI. — Le Comité central est seul chargé de faire faire tous les imprimés, bulletins de vote, affiches, etc., et tout ce qui concerne la propagande électorale. Il fera parvenir en temps et lieu, à tous les comités locaux, ce qui aura été préparé par ses soins.

Article XVII. — Les comités locaux devront se réunir au moins une fois par mois. Cette obligation est rigoureuse, sauf le cas de force majeure. A chaque séance, il sera dressé procès-verbal des matières traitées par le comité. Une copie du procès-verbal sera adressé au Comité central qui se réunira aussi en assemblée générale, mais à l'expiration de chaque trimestre seulement. Il dressera procès-verbal de ses séances et conservera cette pièce.

Article XVIII. — Les bureaux des comités seront renouvelés ou réélus, tous les six mois. Tout bureau ou membre d'un bureau qui aura encouru un vote de blâme devra donner sa démission et sera remplacé séance tenante.

Il en sera de même du Comité central, mais les renouvellements ou réélections seront annuels.

A l'ouverture de toute période électorale, le Comité central réuni en assemblée générale et comptant les deux tiers des membres inscrits plus un, aura le droit de s'ériger en Congrès et de se choisir un bureau particulier en dehors de celui du comité à moins qu'il ne préfère se servir du bureau en fonction. Le Congrès sera dissous à la clôture de la période électorale; mais avant de se dissoudre, il aura le droit de se faire communiquer les comptes. Le Comité central entrera dans ses fonctions avec le même bureau, s'il a obtenu un vote de confiance; dans le cas contraire, avant de se dissoudre, le Congrès remplacera le bureau déchu.

Article XIX. — Quatre collecteurs et quatre commissaires seront adjoints au bureau du Comité central.

Les commissaires seront chargés de l'ordre dans les assemblées et dans les fêtes. Ils prêteront leur concours au secrétaire général pour les convocations et le contrôle.

Les collecteurs aideront le trésorier dans l'exercice de son mandat. Ils voudront bien faire les recettes et les quêtes ou accompagner les dames quêteuses dans les fêtes lorsqu'il y aura lieu.

Article XX. — Un insigne formé d'un nœud flottant de faveur rouge est adopté par la Société l'Union Républicaine. Les insignes des membres des bureaux des comités locaux seront munis d'un macaron écarlate au centre du nœud; ceux des membres du Comité central seront ornés d'un macaron aux couleurs nationales. Les collecteurs et les commissaires porteront, en outre, au bras gauche, un brassard aux couleurs nationales.

Article XXI. — Dans le cas d'élections locales, les comités peuvent, à leur choix, opérer avec leur fonds de roulement et payer directement leurs frais, ou avoir recours au Comité central.

Lorsqu'ils opèreront directement, ils devront en aviser le Comité central et faire connaître s'ils auront besoin du secours de la caisse centrale et dans quelle mesure. Dans ce cas, le Comité viendra toujours en aide dans la mesure de ses ressources.

Les frais de propagande générale ne pourront se faire qu'avec le concours du Comité central.

Article XXII. — Les membres de la Société se promettent un mutuel appui, ainsi qu'à tous les amis de la République.

Article XXIII. — Le choix des candidats se fait en assemblée générale, au scrutin secret. Les assemblées générales et les Congrès réguliers, c'est-à-dire comptant les deux tiers des membres plus un, pourront toujours perfectionner les présents statuts en y ajoutant des articles additionnels

Article XXIV. — Les livres et les archives de la Société pourront toujours être consultés ou contrôlés par tout délégué dûment autorisé, quant au Comité central, et par tout sociétaire, quant à un comité local des communes.

Article. XXV. — Les présents statuts sont adoptés de bonne foi, par des citoyens qui comprennent que des hommes ne peuvent s'entendre que librement et par le consentement mutuel, sans ruse ni surprise.

Fait et approuvé en séance générale du Comité d'initiative, à Rochefort, le 23 décembre 1881.

Le Rapporteur, Théophore BUDAILLE.

Le Secrétaire, Jules CHAPEAU.

Le Président, Théophore BUDAILLE.

PROGRAMME DE L'UNION RÉPUBLICAINE

Maintien de la République basée sur le Suffrage Universel et une Constitution toujours perfectible.

Révision de la Constitution dans le sens du perfectionnement des institutions républicaines.

La Liberté de Conscience garantie à tous par l'égalité de chacun devant le droit commun, sans immunité ni privilège pour personne.

Liberté d'association et de réunion pour tous, sans exception d'aucune sorte, dans les limites du pacte constitutionnel.

L'enseignement tout entier, considéré comme le plus puissant auxiliaire du Suffrage Universel, doit être dégagé de toute doctrine attentatoire à la libre volonté humaine, et la science seule doit entrer dans l'école publique ou libre.

Liberté absolue pour le père de famille de choisir l'école publique ou libre, sans être obligé de payer l'école publique par l'impôt et l'école libre avec ses deniers s'il la préfère.

Egalité des écoles libres et des écoles publiques devant la loi et devant le budget.

Egalité de tous devant le devoir militaire. Réduction du service actif à trois ans.

Augmentation des traitements des professeurs, des institutrices et des instituteurs. Amélioration de la nourriture dans les écoles normales.

Elévation des salaires des ouvriers de nos arsenaux, proportionnellement aux prix des vivres et des loyers selon les localités, notamment pour Rochefort où l'écart est excessif au point qu'il est devenu urgent de s'en occuper.

Elévation de l'Ecole de Médecine de Rochefort à la hauteur d'une Institution de premier ordre.

Réforme de la magistrature dans le sens de l'indépendance de ce corps vis-à-vis du pouvoir central.

Maintien et développement le plus large du port de guerre de Rochefort, aussi bien dans l'intérêt de la sécurité nationale que dans celui de la contrée.

Révision du cadastre et dégrèvement de l'impôt sur les vignes atteintes de phylloxéra. Création d'une caisse de secours pour venir en aide aux petits propriétaires des campagnes, afin qu'ils puissent, ou replanter leurs vignes, ou établir une autre culture capable de rendre au pays son ancien bien-être.

Création d'institutions destinées à mettre les vieux travailleurs à l'abri des atteintes de la misère.

Transformation de l'impôt des octrois en une contribution plus rationnelle et moins vexatoire.

Augmentation d'un cinquième de toutes les pensions de retraite inférieures à 900 francs.

Enquête nationale sur la comptabilité générale de l'Etat, ainsi que sur la gestion des caisses de retraite. Publication des documents et démonstration des produits des versements avec leurs intérêts capitalisés.

Réforme des lois sur les compagnies financières pour arrêter les désastres causés par les spéculations ne portant que sur le numéraire, empêcher les ennemis de la République de ruiner le pays en drainant ses épargnes pour les porter au dehors, faisant ainsi la ruine d'innombrables familles; et enfin pour que l'épargne française soit dirigée vers l'activité de la production et du commerce.

Établissement d'une section au ministère des travaux publics, dont les attributions embrasseraient les travaux privés et les travailleurs employés à ces travaux, à l'effet de maintenir la paix sociale dans la grande famille des travailleurs.

Révision de la loi sur les permis de chasse.

Reforme de notre système pénitentiaire.

Création dans nos colonies d'institutions favorisant leur développement et l'accroissement de leurs richesses.

Opposition formelle à la politique d'aventure qui ruine la Nation et fait détruire ses plus valeureux enfants.

Le droit de déclarer la guerre réservé au peuple Français par plébiscite.

Inauguration à l'intérieur d'une politique vraiment démocratique et républicaine, qui supprime l'antagonisme des classes ou des partis et fasse avancer résolument le pays vers son brillant avenir de paix sociale par l'instruction et l'éducation physique et morale, le commerce et la Liberté.

Dégrèvement des droits de mutations sur les petites propriétés. Abolition du timbre de quittance.

Organisation (à l'augmentation) d'un système d'enseignement rigoureusement suivi dans les armées de terre et de mer, durant tout le cours du service.

Opposition à l'augmentation des traitements des députés ou sénateurs, qui doivent donner l'exemple de l'économie des finances publiques.

Rémunération de toutes les fonctions électives.

Développement des droits des communes dans le sens de l'autonomie.

Révision des lois éle ans le sens le plus libéral.

La Justice gratuite dans toutes ses parties et à tous les degrés et pour tous. Création d'écoles professionnelles dans tous les chefs-lieux.

Obligation pour le député de rendre compte de son mandat à ses électeurs, à chaque session.

Le présent programme reste ouvert et les électeurs ont le droit d'y apporter les modifications ou augmentations, pouvant le perfectionner, sans sortir de son essence républicaine progressiste.

LE SUCCESSEUR DE M. BETHMONT

Les électeurs de l'arrondissement de Rochefort ne sauraient oublier, en remplaçant M. Bethmont, qu'il existe désormais, dans notre pays, une France toute nouvelle, qui demande à sa tête, comme législateurs, des citoyens résolus, des hommes nouveaux ne se trouvant point dépaysés au sein des grands courants d'opinions diverses qui sollicitent dans tous les sens les législateurs ; des hommes qui connaissent leur pays *tel qu'il est*, et qui l'aiment assez pour tout lui sacrifier.

En nous souvenant que le gouvernement des d'Orléans fut une oligarchie qui nous mena droit à une révolution sans lendemain ; que l'Empire voulut être une démocratie couronnée pour n'aboutir qu'à l'instabilité, l'aventure et finalement le désastre et la guerre civile ; que depuis la fondation de la troisième République, tout a été tenté pour reculer même en arrière du second empire, au détriment de la démocratie, et toujours pour revenir à cet idéal de gouvernement oligarchique, condamné par la brutalité des faits à disparaître, nous n'hésiterons pas à choisir un candidat démocrate, opposé aux classes sociales, représentant aussi bien les intérêts des travailleurs des campagnes que de ceux des villes.

Un candidat qui n'entende pas que tout soit aux uns et rien aux autres.

Le député de l'arrondissement de Rochefort doit être sincèrement attaché à cette maxime : Que sont les travailleurs ? Rien !!! Que doivent-ils être ? Tout !!!

Laboureurs et ouvriers de l'arrondissement de Rochefort, Travailleurs de toutes conditions, l'heure est venue de vous entendre. M. Bethmont, après vous avoir représentés longtemps dans les circonstances les plus difficiles, vous remet le mandat que vous lui aviez confié en prétextant des raisons de santé.

C'est possible qu'il soit malade, mais il n'en reste pas moins premier président de la Cour des Comptes, avec de très gros appointements. Qu'il les gagne en paix : nous lui devons par dessus tout d'avoir servi la République en résistant au coup d'Etat du Seize-Mai; mais nous nous devons à nous-mêmes de comprendre que M. Bethmont reçonnaît que, ni lui, ni les partisans de la politique de classes et d'antagonisme, né sont dans la bonne voie; qu'il est impossible de mener à bien la campagne opportuniste qui n'a pu que produire l'effondrement précipité du Grand-Ministère, malgré la valeur incontestable des hommes d'élite qui le composaient. Là est le vrai motif de la démission de notre député.

A nous donc d'aviser. Si nous avons eu quelque raison de soutenir M. Bethmont dans son opposition libérale contre l'Empire, de le soutenir envers et contre tous dans la lutte contre la réaction contemporaine, nous aurons encore bien plus raison aujourd'hui d'entrer dans la voie que sa démission nous indique, et d'agrandir l'action de la politique extérieure jusqu'aux extrêmes limites de la démocratie: car la paix si précieuse à l'intérieur en sera consolidée, et la paix à l'extérieur garantie.

Comprenonss enfin, électeurs de Rochefort, qu'un groupe, qu'un parti, flottant et traqué entre tous les groupes et tous les partis, est impuissant pour gouverner. Il lui faut, pour tenir un jour, ou l'énergie épouvantable des anciens Jacobins, ou la connivence des étrangers comme l'avait la restauration. Il aurait aussi à sa disposition les guerres extérieures comme les deux empires les ont employées à outrance, à moins qu'il ne piétinât sur place, pour tomber dans la Révolution comme l'a fait Louis-Philippe.

C'est donc à la démocratie coulant à pleins bords, comme l'a si éloquemment dit M. Duruy, jadis, qu'il incombe de gouverner. Or la démocratie c'est tout le monde, c'est le propriétaire cultivateur, c'est l'industriel, c'est le commerçant. C'est en un mot le travailleur de partout.

La démocratie n'est point un parti, elle est la France, elle est la Nation; elle n'a point d'autres ennemis que les citoyens égarés qui prétendent être nantis du commandement par leur position sociale ou par leur groupement. Son pire ennemi est le parvenu enrichi, qui croit que ses millions font de lui un législateur de droit. Il y a trop longtemps que cette erreur a cours, il faut qu'elle tombe.

Le Grand Ministère en détresse voulait le scrutin de liste, pour élever le niveau moral de la Chambre. Il s'est trompé, le scrutin de liste n'eût élevé que le degré de compression et hâté la catastrophe. Il est aussi inutile qu'insensé de comprimer la démocratie sous la puissante force des capitalistes ou des préférés d'un groupe. Il n'y a de salut que dans la Liberté, dans la liberté toute entière, et cette liberté ne peut exister que par le concours de la démocratie, qui est la base inébranlable des institutions républicaines.

Tout ce qui est opposé à ce principe, c'est l'ennemi. Repoussons donc les candidatures de classes d'où qu'elles viennent. Repoussons les candidats qui ont grandi à l'ombre de M. Bethmont sans le comprendre, qui attendaient son héritage et se laissaient appeler : Notre futur député. La politique de M. Bethmont a fini son temps, et ses pâles élèves ne sauraient prétendre à marcher vers un inconnu qui le fait reculer. Ils ne sont pas prêts : ils ne voient que brouillards dans cet avenir où cependant tout est lumière. Pour avancer d'un pas sûr, il leur faudrait une foule de lanternes tenues par des hommes d'armes. Nous voulons, nous : Paix, Travail, Sécurité et Liberté. Ceux qui veulent continuer M. Bethmont nous apportent le contraire avec leur idéal de supériorité de classes.

Choisissons donc notre candidat dans la démocratie ; envoyons promener les vieilles rengaines sur le spectre rouge avec les histoires de revenants, et prenons un homme qui n'ait point à faire ses preuves de dévouement à la patrie et à la République ; un homme qui soit aussi à son aise au milieu des laboureurs que parmi les citadins ; qui connaisse nos besoins, nos désirs, qui soit non-seulement notre député, mais notre ami à tous, quelle que soit notre position sociale. Un homme qui ne soit point intimidé devant la puissance, ni fier au arrogant devant la faiblesse.

Il est temps enfin, Rochefortais, de voter pour un enfant du peuple qui sache toujours se souvenir de ses électeurs et aime à se trouver au milieu d'eux.

DU CHOIX DU CANDIDAT

Le Comité central de l'Union républicaine reçoit en permanence, 52, rue Saint-Jacques, toutes les communications écrites et signées, au sujet de ce choix.

Tous les candidats sérieux seront inscrits et discutés en réunion générale des délégués de tout l'arrondissement. Il sera pris jour pour le vote définitif et sans aucune compromission. Le candidat qui réunira la majorité des voix au scrutin secret sera présenté par les alliés républicains au suffrage des électeurs.

Les comités républicains des communes sont priés de choisir leurs délégués et de les avertir de se tenir prêts au premier signal.

Les convocations seront annoncées dans le journal l'*Intérêt public*.

VARIÉTÉ

Extrait des Mémoires du Citoyen BUDAILLE

Nous débarquâmes du *Navarin*, le 9 janvier 1881, à Brest. L'accueil de la population ne quittera jamais notre souvenir. En présence de tant de sympathie, nous oublions les rigueurs de notre temps passé.

Un banquet confortable nous attendait dans une vaste salle, où nous primes bientôt tous place. Le Comité *Brestois* avait tout bien préparé et il continua notre réception avec la plus esquise délicatesse.

Vers le milieu du repas, alors que chaque convive, que chaque amnistié pouvait bien se garantir à lui-même qu'il ne rêvait pas, qu'il était enfin en France et rendu à la vie de citoyen, M. Souchon, avocat à Brest et membre du Comité qui nous recevait si cordialement, prit la parole et nous souhaita la bienvenue en termes qui partaient du cœur et qui faisaient ressortir, à la fois, ses sentiments à notre égard et ses vœux ardents pour la paix sociale.

Des tonnerres d'applaudissements accueillirent ses paroles. Les cœurs des convives, à la voix de Souchon, venaient d'amnistier leurs bourreaux. Braves et généreux, tels sont les enfants du peuple.

L'orateur avait charmé ses auditeurs, ce ne fut qu'à la fin du repas qu'ils s'aperçurent que nous ne répondions pas à notre amphytrion.

Mes camarades réclamèrent de toutes les parties de la salle du festin un orateur pour remercier Souchon, et je fus désigné par eux pour remplir cette mission difficile.

Ainsi, par le discours fait à la Bastille, le 28 février 1871, j'étais devenu uu promoteur d'insurrection parce que j'avais dit : « Gardez vos armes » ; par mon intervention dans la politique, en juin 1871, en offrant à M. Emile de Girardin de soutenir sa candidature à Paris, à condition qu'il ferait une proposition d'amnistie; en formant ensuite le parti radical, malgré les plus grandes difficultés (voir *La Liberté, Le Peuple souverain, Le Journal de Paris,* etc., etc., de juin 1871 ; voir aussi *Le Tricolore,* l'article: Les Incorrigibles, signé Mac-Lénor, pseudonyme de Budaille), j'étais devenu un homme dangereux que l'on ne fit arrêter que le 28 juin, lorsque le parti radical fut une réalité, bien que j'eusse librement et ouvertement agi contre les monarchistes dans Paris, durant tout le mois de juin ; par le discours que j'étais requis de faire à Brest, allais-je devenir un homme de pacification sociale ou montrer à l'horizon de nouvelles luttes?. .

L'avenir le dira: voici le discours tel qu'il a été prononcé et tel qu'il a été conçu dans mes plus intimes convictions:

Aux Brestois, à tous les Français.

Citoyens,

C'est un bien grand honneur pour moi, en même temps qu'un bonheur infini, d'avoir à vous parler, au nom de mes camarades de proscription.

Aussi l'émotion me domine autant que la grandeur de la tâche m'effraie.

Quelle éloquence, en effet, pourrait ne pas pâlir devant l'étrangeté du spectacle qui frappe nos regards !...

Quoi, sous un même gouvernement, une même Assemblée, au nom d'un même peuple, d'une même République, il a fallu voter deux amnisties. Il a fallu voter et contre-voter pour savoir si les meilleurs amis de la Nation devaient être rappelés, ou s'il ne valait pas mieux les oublier aux antipodes, sous le singulier prétexte du plus ou moins de valeur ou de dignité à chacun d'eux appartenant !!!....

Parmi les nombreuses surprises que le brillant concept du XIX siècle nous réservait, cette délicatesse à notre endroit n'est pas la moindre.

Une population, une cité est en armes. Elle s'organise et se met en état de défense. Toutes ses armes vomissent le fer et le feu, la destruction et la mort pendant deux mois. Le dernier de ses soldats se fait tuer sur la dernière de ses barricades. Depuis des heures, il n'y a plus de résistance, la vengenance affolée fait seule vibrer l'air de ses accents infernaux ! — « Tue !... tue !.. », hurle-t-elle, sur des milliers de cadavres !...

Et c'est des éléments vaincus dans cette épouvantable tourmente, que des hommes supérieurs ont prétendu faire le triage ! Ô sanglante ironie !... Que de tels hommes pensent-ils de ton vigoureux esprit national, de ton vieux bon sens, chère patrie, pour proposer à ta bonne foi de sanctionner de semblables tripotages.

Les cris mille fois répétés de « Vive la République » qui, à chaque débarquement des proscrits, font retentir nos falaises et nos ports, sont plus clairs encore que nos accents ; ils disent plus haut que tous les discours, qui nous avons été, qui nous sommes et qui nous serons

Oui, ô Français, c'est pour la République que nos actes ont été accomplis, et c'est à elle encore, à elle toujours que sera notre existence.

Là bas, sur la terre d'éxil, chaque fois qu'un évènement, qu'une simple émotion faisait tressaillir nos cœurs, ce cri de « Vive la République ! vive la France ! » était notre mot de ralliement, notre signe d'espérance.

Nous n'avons pas la prétention de croire que ce soit pour nos actes personnels qu un double ostracisme nous a frappés et nous a réservé l'honneur inappréciable d'être des rapatriés d'exception. Aucun proscrit n'a sans doute la pensée qu'il a assez mérité d'être choisi parmi tant de milliers de citoyens pour aller de sa personne porter en exil le plus sacré des droits du peuple Français. Non, non, citoyens, nous concevons comme tous les bons républicains, les raisons politiques qui nous ont valu une gloire qui est autant celle de la Nation que la nôtre.

C'est le droit protecteur de la Liberté qui a été proscrit en nous et avec nous ; c'est ce droit sacré que la France a énergiquement revendiqué en nous rappelant, en forçant moralement des républicains, *trop irrésolus,* à lever l'ostracisme, dont les royalistes nous avaient frappés.

Vous avez patiemment attendu, citoyens ; nous, nous avons souffert courageusement. Nous avons cru en votre intelligence, en votre sagesse. Nous n'avons jamais cessé d'espérer avec une patiente certitude ; et notre joie est grande de pouvoir vous féliciter, solennellement en ce jour, de vos conceptions élevées, de votre civisme admirable. Nous vous félicitons et nous vous remercions.

Nous vous félicitons et nous vous remercions parce qu'avec votre concours, joint à nos efforts, la République est sauvée et la Liberté, la liberté de tous est garantie.

Oui, citoyens, la Liberté est garantie, car le droit qui la garde, le droit qui fait les 14 Juillet, les 10 Août et les 24 Février est debout et intégral.

La France est républicaine et nous sommes républicains avec elle et pour elle.

Il n'y a pas deux manières d'être républicains, de concevoir la République.

Nous voulons une République qui soit le gouvernement de la collectivité des citoyens, par l'opinion raisonnée, par l'opinion résultante et concentrée de toutes les opinions individuelles.

Nous ne reconnaissons ni groupes, ni castes, ni classes, ni couches sociales : il y a l'universalité des citoyens qui, en tout temps, par la parole et par la presse, ont le droit et le devoir de contrôler tout ce qui se fait, d'élaborer tout ce qui se fera et d'entretenir toujours active, toujours saine et bien éclairée l'opinion souveraine.

Nous voulons une République qui ne soit administrée que par des hommes d'élite, prêts à tous les dévouements, à tous les sacrifices. Par des hommes qui ne voient de vrai bonheur que dans la satisfaction que procure le devoir accompli, de véritable récompense que dans la gratitude du peuple. Par des hommes, en un mot, qui se trouvent heureux et riches du bonheur public.

⁂

Nous voulons une République qui donne la paix à toutes les consciences, en reléguant dans le domaine de la gravitation de la liberté individuelle, tout ce qui est secte, tout ce qui veut placer quoi que ce soit au dessus de l'opinion éclairée, bonne et sainte.

Une République qui enseigne ou laisse enseigner que toutes les propositions de croire qui ont existé sur la terre, ont toujours réclamé la sanction de l'opinion. Que c'est pour avoir cette sanction que la duperie et les hypocrisies ont été inventées. Que c'est pour forcer cette sanction que les gibets ont été élevés, que les buchers ont été allumés. Et enfin, que toute morale, toute justice, comme toute paix de la conscience, ne dépend ni de pratique, ni de rites, ni de conjurations dites sacrées, mais purement et simplement de l'accomplissement rigoureux des devoirs incombant à tous et à chacun.

*
* *

Voilà la République que nous désirons dans son sens le plus élevé, sans préjudice de toutes les conséquences économiques qui découlent logiquement de cette institution.

Nous la voulons aussi, grande et forte comme elle a le pouvoir de l'être par l'union de tous les cœurs dévoués et généreux; par l'union de tous les esprits bien nés. Et ce n'est pas être présomptueux de dire que l'universalité des citoyens possèdent ces qualités, et que nous ne pouvons être divisés que par des malentendus.

En effet, citoyens, la liberté est le régulateur de la liberté. Il ne faut pas croire que des groupes soient l'opinion. ils l'élaborent et voilà tout. L'exagération et l'emportement, même au service d'une bonne cause, n'arrivent qu'à prouver l'inconséquence de l'exagéré.

Que la France ait confiance en elle-même, car elle est de moins en moins impressionnable et déjà son tranquille sourire montre son indulgente bonté envers ceux qui s'évertuent à vouloir être la mouche du coche.

O France! ô France! que ce retour de tes enfants exilés ouvre une ère de grandeur et de force par l'union de tous les cœurs.

Que nos cheveux blanchissent à l'ombre de la plus douce paix sociale. Que nos enfants grandissent en admirant les vertus des ancêtres, en soutenant notre vieillesse et en n'oubliant jamais que leur honneur consiste, à si bien faire, que la patrie le contemple avec amour la main sur la garde de son épée, sans jamais redouter les ennemis de ses libertés.

Tels sont les sentiments qui se confondent en nous avec une immense gratitude que nous vous exprimons de nouveau par les cris les plus chers à nos cœurs :

Vive la France !
Vive la République !

(Applaudissements prolongés dans toutes les parties de la salle).

M. Souchon s'avance vers l'orateur et, lui prenant les mains, il lui dit : « Citoyen Budaille, je vous félicite de tout mon cœur de votre beau et bon discours. Au nom du Comité Brestois, je vous demande de le faire publier dans la presse locale.

(A suivre).

DIPLOME

D'ADMISSION DANS L'ALLIANCE DÉMOCRATIQUE

DE

L'UNION RÉPUBLICAINE

Le Président du Comité central certifie que

M.

demeurant à

est admis à faire partie de

*l'*UNION RÉPUBLICAINE.

Rochefort, le *188*

LE PRÉSIDENT,

LIBRE-PENSÉE DE ROCHEFORT

Le groupe des Libres-Penseurs de Rochefort a son siège social à Rochefort, 52, rue Saint-Jacques, au domicile du Président, le citoyen Budaille qui, de concert avec le Secrétaire, reçoit toutes les communications.

Les Libres-Penseurs des communes suburbaines peuvent s'adresser au citoyen Président pour les convois funèbres civils. Le groupe mettra à la disposition des familles tout ce qu'il faut pour les inhumations civiles, drap mortuaire convenable, couronne, etc.; des délégués du groupe se rendront sur les lieux pour donner à la cérémonie tout l'éclat désirable.

Le groupe est toujours à la disposition des siens pour les trois grands actes de la vie, la naissance, le mariage et la mort.

www.ingramcontent.com/pod-product-compliance
Ingram Content Group UK Ltd.
Pitfield, Milton Keynes, MK11 3LW, UK
UKHW020514230726
13925UKWH00005B/2161

9 782014 053258